Leserabe

Alexandra Fischer-Hunold

Verliebt um Mitternacht

Mit Bildern von Isabelle Metzen

Ravensburger Buchverlag

Bibliografische Information der Deutschen Nationalbibliothek:

Die Deutsche Nationalbibliothek verzeichnet diese Publikation
in der Deutschen Nationalbibliografie.
Detaillierte bibliografische Daten sind im Internet
über http://dnb.d-nb.de abrufbar.

1 2 3 4 5   E D C B A

Ravensburger Leserabe
© 2017 Ravensburger Buchverlag Otto Maier GmbH
Postfach 18 60, 88188 Ravensburg
Umschlagbild: Isabelle Metzen
Konzept Leserätsel: Dr. Birgitta Reddig-Korn
Design Leserätsel: Sabine Reddig
Textredaktion: Nina Schiefelbein
Produktion & Satz: Weiß-Freiburg GmbH
Printed in Germany
ISBN 978-3-473-36519-7

www.ravensburger.de
www.leserabe.de

Inhalt

Von Spinnen und Prinzessinnen	4
Linus	10
Nachts in der Geisterbahn	16
Oskar dreht auf	33
Die Verabredung	42
Vampire im Park	46

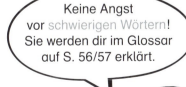

Keine Angst vor schwierigen Wörtern! Sie werden dir im Glossar auf S. 56/57 erklärt.

Von Spinnen und Prinzessinnen

Auf allen vieren krabbelte Frida in den Blätterbusch neben der Schulturnhalle. Abgesehen von ihrem Dachboden gab es hier mit Abstand die dicksten Spinnen. Na bitte! Direkt vor Fridas Nase baumelte eine besonders schöne. Eilig löste Frida das Gummiband von ihrer Transportbox. Die hatte sie selbst gebastelt: ein kleiner Karton mit Fenstern aus Frischhaltefolie und Luftlöchern im Deckel.
„Komm zu mir!", flüsterte Frida und schob die Spinne vorsichtig in die Box. „Ich freue mich schon so auf deine Geburtstagsparty heute Nachmittag!"

Frida hielt in der Bewegung inne. Das war Tessa. Frida linste durch die Blätter auf den Schulhof. Tessa, Sarah und Eline schlenderten auf die Bushaltestelle zu.

„Ich mich auch!", erwiderte Eline.

„Es ist eigentlich noch ein Geheimnis, aber es kommt eine Konditorin und backt Cupcakes mit uns. So mit Glitzer und Liebesperlen und Zuckersternchen und so."

„Bääh", machte Frida in ihrem Blätterversteck. Sie schlug sich die Hand vor den Mund.

„Oh, super!", jubelte Sarah.

Ein Glück! Sie hatten Frida nicht gehört. Und noch mal Glück: Frida war nicht eingeladen. Sie mochte nur Geburtstagspartys mit Vampiren, Monstern und Werwölfen, je gruseliger, desto besser.

„Der Bus!" Die drei Prinzessinnen, wie Frida sie nannte, stürmten los. Im nächsten Moment hatte Frida den Schulhof wieder für sich alleine. Sie hatte gerade den Karton in ihren Ranzen gestopft, als sie Schritte hörte. Die Schritte blieben vor dem Blätterbusch stehen. Frida hielt den Atem an. Da raschelten die Blätter und in der nächsten Sekunde tauchte der Kopf von Oskar auf.
„Na, wieder auf Spinnenfang?"
Frida schluckte. Oskar war der schlimmste Junge der 3a. Alle hatten riesige Angst vor ihm.
„Geh weg!", zischte Frida.
„Wow!" Fasziniert starrte Oskar auf Fridas offenen Schulranzen. Ihr neues Vampirbuch lugte daraus hervor.
„Gib das Buch her!", befahl Oskar.

Frida schüttelte den Kopf und schloss den Ranzen.

„Sicher nicht?", fragte Oskar scheinheilig nach. Jetzt sah Frida die Spinne auf Oskars linker Hand. Total süß.

„Gib mir das Buch oder …" Langsam senkte Oskar die rechte Hand zu der Spinne herab. Fridas Augen wurden zu kleinen Schlitzen.

„Lass die Spinne in Ruhe, Oskar!"

„Das Buch!" Oskar grinste siegessicher.

Mit einem Satz war Frida bei ihm. Sie versetzte ihm einen Schubs, sodass er rückwärts stolperte. Die Spinne hüpfte von seiner Hand. Frida kletterte über die Schulhofmauer. Wie gerufen stand ihr Bus an der Haltestelle. Frida sprang hinein. Aus dem Augenwinkel sah sie Oskar auf den Fahrradschuppen zurennen.

Wenig später stoppte der Bus am Rosenweg. Hier wohnte Frida. Bevor sie auf den Bürgersteig hüpfte, schaute sie sich vorsichtig um. Bei Oskar konnte man nie wissen. Vielleicht wartete er vor der Haustür auf sie. Zum Glück fehlte von ihm jede Spur. Dafür stand ein Umzugswagen vor Fridas Haus. Möbelpacker schleppten Kartons durch den Vorgarten und an der Hauswand hing ein neues Schild.

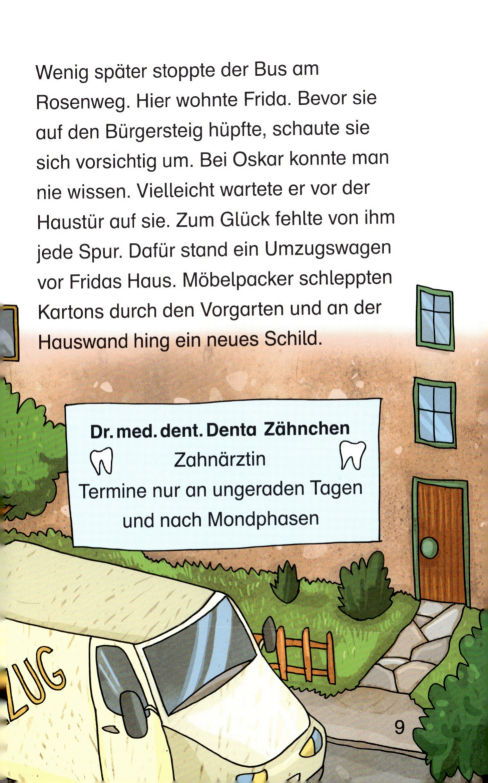

Dr. med. dent. Denta Zähnchen
Zahnärztin
Termine nur an ungeraden Tagen
und nach Mondphasen

Linus

„Mama? Hast du schon gesehen?", brüllte Frida aufgeregt. Sie warf die Wohnungstür hinter sich zu und stürmte ins Wohnzimmer. „Da ziehen Neue ein. Ich glaube, die sind ein bisschen komisch …"
Frida legte eine Vollbremsung hin.
„Hallo, mein Schatz!", begrüßte ihre Mutter sie vom Sofa aus. Neben ihr saß eine Frau mit langen schwarzen Haaren und einem freundlichen Lächeln. Auf dem Sessel ihr gegenüber hockte ein Junge. Frida klappte der Kiefer runter. Wieso hatte der hier drinnen eine Sonnenbrille auf der Nase?
„Das ist meine Frida!", stellte ihre Mutter sie jetzt vor. „Und das sind unsere neuen Nachbarn: Frau Zähnchen und ihr Sohn Linus. Sie ziehen gerade in den zweiten

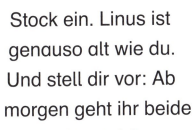
Stock ein. Linus ist genauso alt wie du. Und stell dir vor: Ab morgen geht ihr beide in die gleiche Klasse. Ist das nicht nett?"

Frida war sich da nicht so sicher. Ihre Augen huschten über den seltsamen Jungen. Er hatte seine ebenfalls pechschwarzen Haare glatt nach hinten gegelt. Seine Augen konnte sie wegen der Sonnenbrille nicht sehen. Sein Gesicht und seine Hände waren so weiß, als ob er in eine Tüte Mehl gefallen wäre, und seine blassen Lippen presste er so fest aufeinander, dass sein Mund aussah wie ein Schlitz. Immerhin war er fast ganz in Schwarz gekleidet – wie Frida.

„Also, ich bin Denta!" Die Frau neben ihrer Mutter winkte Frida zu. „Es wäre sehr nett, wenn du dich ein wenig um Linus kümmern könntest. Gerade ist er etwas knurrig. Er hat Hunger, und zu wenig geschlafen hat er auch. Er meint es nicht so."

„Dafür haben wir natürlich Verständnis!", sagte Fridas Mutter. „Magst du auf den Rummel gehen, Linus? Frida und ich wollen heute Nachmittag dorthin. Frida liebt vor allem die Geisterbahn. Und Spinnen. Wenn sie eine schöne findet, bringt sie sie zu uns auf den Dachboden. Außerdem verschlingt sie Gruselbücher. Ganz besonders die über Vampire."

Für einen Millimoment zuckte Linus' Oberlippe in die Höhe.

„Heute nicht", lehnte er schroff ab. Etwas wackelig stand er auf. Frida streckte den

Kopf vor und schnupperte in seine Richtung.
„Stimmt was nicht?", zischte Linus und zog seine Augenbrauen über den Rand seiner Sonnenbrille.
„Du riechst … nach … Sommerferien", stellte Frida verwundert fest, während sie sich neben ihrer Mutter auf die Sofalehne plumpsen ließ.
„Nach Sommerferien?", wiederholte Linus erstaunt. „Wie geht das denn?"

„Oh, das muss die Sonnencreme sein", sagte Denta schnell. „Linus hat eine gaaaanz schrecklich empfindliche Haut. Er braucht Lichtschutzfaktor neunundneunzig. Der arme Kerl muss sich mehrmals am Tag eincremen, sonst verschrumpelt seine Haut wie Pergamentpapier."
Sie zuckte mit den Schultern. „Das liegt bei uns leider in der Familie. Aber es wächst sich irgendwann aus."
„Mama, ehrlich, ich habe Hunger und ich muss dringend ins Bett", quengelte Linus. Frida traute ihren Ohren nicht. Schlafen? Um diese Zeit?
„Dann verschieben wir unseren Besuch auf dem Rummelplatz auf ein anderes Mal", schlug Fridas Mutter vor.
„Mama!", stieß Frida zwischen den Zähnen hervor.

„Tschüs, Frida", verabschiedete sich Denta und verzog ihren Mund zu einem breiten Lächeln. Dabei blitzten ihre schneeweißen Zähne auf. „Klingel doch morgen früh einfach bei uns, ja? Dann könnt ihr zusammen zur Schule gehen", schlug sie vor. Sie drehte sich um, winkte noch mal und eilte hinter Linus den Flur entlang.

Frida erstarrte. Hatte sie das eben richtig gesehen? Dentas Eckzähne waren spitz wie Zahnstocher! Ein bisschen wie bei dem Vampir in ihrem neuen Gruselbuch. Frida schüttelte den Kopf. Sie hatte eindeutig zu viele Vampirgeschichten gelesen!

Nachts in der Geisterbahn

Draußen wurde es langsam dunkel. Frida hockte auf dem Dachboden und beobachtete ihre neue Spinne beim Netzweben. Ihre Eltern waren ins Kino gegangen.
„Schönen guten Abend!" Zu Tode erschrocken, sprang Frida auf die Füße. Dabei donnerte sie mit Linus zusammen, der kopfüber von der Decke baumelte.
„Wie kommst du denn hier rein!", fauchte Frida. Wütend rieb sie sich den Kopf.
„Durchs Fenster!", erklärte Linus.

Frida kniff die Augen zusammen. „Klar! Das Haus hat vier Stockwerke, und wir sind auf dem Dachboden. Bist du Spiderman, oder was?"

„Nein", gab Linus zurück. Er schlug einen Salto und landete mit ausgebreitetem Umhang vor Frida. „Aber ein Vampir."
Ungläubig betrachtete Frida Linus. Die Sonnenbrille war verschwunden. Seine Haut war nicht mehr so bleich, sondern leicht rosig. Und seine Lippen blutrot. Linus sog die Unterlippe ein, sodass seine langen, spitzen Eckzähne gut zur Geltung kamen.

„Die … die … die waren heute Mittag aber noch nicht so lang!", stotterte Frida. „Die sind doch aus Plastik, oder?"
Linus schüttelte den Kopf. „Kannst anfassen, wenn du willst. Die sind echt. Meine Mutter schleift sie nachts vor dem Schlafengehen immer ab, aber sie wachsen sofort nach. Bis zur nächsten Mitternacht haben sie dann wieder die richtige Länge, um … du weißt schon!"
Frida schluckte und wich zwei Schritte zurück.

„Keine Sorge", fuhr Linus fort, „ich habe schon gegessen! Komm, guck sie dir an!" Er riss den Mund weit auf und klopfte gegen die Zähne. „Sitzen bombenfest!"
Fridas Herz schlug ihr bis zum Hals. Der wollte sie doch verkohlen, oder? Da hatte sie eine Idee. „Komm doch mal vor den Spiegel!"
Gelangweilt verdrehte Linus die Augen. „Klar. Der Spiegeltest." Er trat vor den alten Spiegel. „Siehst du? Kein Spiegelbild!"
Vampire kann man nicht fotografieren, und sie spiegeln sich auch nicht.
Das wusste Frida aus ihren Gruselbüchern. Und das bedeutete ... Fridas Zähne klapperten aufeinander ... Linus musste ein echter Vampir sein.
„'tschuldige, dass ich heute Mittag so mies drauf war. Aber ich hatte so ein Magenknurren, und müde war ich ...!"

Linus sah sich um und nickte anerkennend. „Schön hast du es hier. Mit all den Spinnen, dem muffigen Geruch und so. Gefällt mir! Fast wie bei uns zu Hause."

„Danke!", brachte Frida mühsam hervor. Unruhig trat sie von einem Fuß auf den anderen.

„Nun hör schon auf zu zappeln! Du machst mich ja ganz nervös!", beschwerte sich Linus.

„Tut mir leid!", stotterte Frida.

„Ich bin wirklich nicht hier, um dich zu beißen oder so", erklärte Linus mit ernster Stimme. „Ich dachte, na ja … Guck mal." Unter Linus' Ärmel war eine Spinne hervorgeklettert. „Das ist Luna. Meine Lieblingsspinne!"

Ein Lächeln huschte über Fridas Gesicht.
„Die ist aber hübsch!"
„Luna kommt wie ich aus
Transsylvanien!", nickte Linus stolz.
„Wir wollten gerade einen Ausflug
machen. Kommst du mit? Zum Rummel?
Weil du doch heute Nachmittag
meinetwegen nicht da warst."
„Jetzt?", rief Frida. Ihre Augen wanderten
zum Dachfenster. „Es ist doch schon
dunkel!"
„Klar!", grinste Linus. „Im Hellen darf
ich nicht fliegen. Die Vampirsache ist
logischerweise top geheim. Du darfst es
niemandem verraten. Ich kann mich
doch auf dich verlassen?"
Frida nickte. Ihr würde ja eh keiner
glauben. Plötzlich lief ein freudiger
Schauder über ihren Rücken. Linus war
ein Vampir! Ein echter Vampir! Wie in

ihren Büchern! Und mit dem würde sie jetzt wie eine große Fledermaus durch die Nacht fliegen. Wahnsinn!

Linus fasste Frida von hinten um die Hüfte. Sie holte tief Luft und kniff die Augen zu. „Kann losgehen!", flüsterte sie.

„Juchhu!", juchzte Linus und flatterte mit Frida in die Dämmerung hinaus.

Erst nach einer ganzen Weile traute sich Frida zu blinzeln. „Ist das schön, Linus!", seufzte sie.

Unter ihnen lagen die Stadt und der große Fluss. Schon von Weitem blinkte und funkelte ihnen der Rummelplatz entgegen. Die Musik wurde immer lauter.

Es roch ganz herrlich nach Popcorn und gebrannten Mandeln.
„Jetzt pass auf!", rief Linus. Im Sturzflug flogen sie von hinten durch eine Dachluke direkt in die dunkle Geisterbahn hinein. Irgendwo vor ihnen erklang unheimliches Gelächter, aus einer anderen Richtung kamen Monstergrölen und Geisterheulen.

Jetzt sausten sie an einem schaurigen Totenkopf vorbei. Eine Gummihand streifte Fridas Gesicht. Es war wundervoll gruselig. Hinter der nächsten Ecke wehte ihnen ein weißes Gespenst mit glühend roten Augen entgegen.

„Guck mal, da ist meine Verwandtschaft!", gluckste Linus und deutete auf einen Sarg inmitten von schiefen Grabsteinen. Der Deckel klappte hoch und eine Vampirpuppe richtete sich wippend im Mondlicht auf. Schauriges Gelächter

hallte von den Wänden wider. Und eine Stimme drohte: „Ihr entkommt mir nicht!"
Linus lachte schallend.
Plötzlich beschleunigte er. Vor ihnen ruckten vier Waggons durch die Dunkelheit. Der hinterste war nicht besetzt. In dem landeten sie.
„Jetzt pass auf!", zischte Linus.

Mit spitzem Finger tippte er der Frau im Wagen vor ihnen auf die Schulter. Die drehte sich um. Linus ließ seine Vampirzähne aufblitzen und rollte wild mit den Augen.
Die Frau schnappte nach Luft.
„Der Vampir ist hier!", schrie sie.

„Schönen Grusel noch!", wünschte Linus, schnappte sich Frida und flatterte mit ihr davon.

„Linus, das war der beste Geisterbahnbesuch meines Lebens!", jubelte Frida, als sie zwischen den Häusern nach Hause flogen.

„Aber sag meiner Mutter nichts!", beschwor Linus sie. „Eigentlich soll ich nämlich auch nachts nicht fliegen. Meine Mama hat Angst, dass mich doch mal einer sieht."

„Großes Ehrenwort!" versprach Frida.

Plötzlich blitzte es. Ganz in ihrer Nähe. Linus schaute zum Himmel auf. „Wo kam der Blitz her?", fragte er.
Frida schüttelte den Kopf. „Keine Ahnung. War wahrscheinlich nur Wetterleuchten."
Da schlug die Kirchturmuhr elf Mal. Irgendwo fiel leise ein Fenster ins Schloss.
„Ich muss nach Hause, Linus! Gib Gas", rief Frida.
Wenig später setzte Linus sie an ihrem Zimmerfenster ab.
„Ich bin morgen um halb acht bei dir", flüsterte Frida leise.
„Oje, so früh!", stöhnte Linus.
„Da schlummert doch jeder anständige Vampir noch in seinem Sarg."

Frida kicherte und winkte Linus, bis er zwei Stockwerke tiefer in sein Zimmer flatterte.

In ihrem Bett starrte Frida zur Zimmerdecke hoch. Sie war viel zu glücklich, um zu schlafen. Sie hatte gar nicht gewusst, wie toll es war, einen Freund zu haben. Einen richtigen Freund. Der Spinnen liebte, sich gerne gruselte, mit ihr durch die Nacht flog – und ein waschechter Vampir war!!

Oskar dreht auf

Pünktlich um halb acht klingelte Frida bei Linus. Irgendwo in der Wohnung ertönte ein schrilles Kreischen. Dann hörte Frida Linus knurren: „Blöder Sarg. Müsste auch mal wieder geölt werden!"
Frida kicherte. „Mach schon, Linus, oder willst du gleich am ersten Tag zu spät kommen?", rief sie durch den Briefkastenschlitz. Da flog die Tür auf und Linus blinzelte ihr aus der dunklen Wohnung entgegen. Offensichtlich hatte er sich die Sonnencreme sehr eilig ins Gesicht gepappt. Einiges davon war in seinen Haaren gelandet. Linus war genauso bleich wie gestern Mittag und offensichtlich ebenso knurrig.
„Du siehst zum Gruseln aus!", stellte Frida fest.

Linus gähnte ausgiebig und setzte sich seine Sonnenbrille auf. „Wie soll man auch ohne einen frischen Blut-Cocktail gut aussehen?", grummelte er. „Außerdem schlafe ich jetzt normalerweise noch."
Damit klappte er den Mund zu und trottete hinter Frida her zur Bushaltestelle.
„Da sind Sarah, Eline und Tessa", zischte Frida wenig begeistert, als sie kurz darauf über den Schulhof zum Schulgebäude gingen. Sie deutete hinter sich. „Die Prinzessinnen!"
„Ist das dein neuer Freund, Frida?", höhnte Eline. Sie beeilte sich, um die beiden einzuholen. Während sie eine Kuchenbox mit rosa-silbrigen Cupcakes schwenkte, musterte sie Linus.
„Du bist bestimmt auch so ein Spinnen-Freak wie Frida", meldete sich Tessa zu Wort.

Und Sarah nickte bestätigend. „So wie du aussiehst!"

„Richtig geraten!" Linus streckte den dreien seine Hand entgegen, auf der Luna fröhlich krabbelte. Tessa, Sarah und Eline kreischten auf und stürmten davon.

„Gut gemacht, meine Liebe!" Linus gab Luna einen Kuss, bevor er sie wieder wegsteckte.

Frida sah Linus an, und plötzlich kribbelte es in ihrem Bauch wie tausend flatternde Fledermäuse. Ein komisches Gefühl. Aber wunderschön.

„Das ist Linus. Er geht ab heute in unsere Klasse", stellte Frau Kiehl, die Klassenlehrerin der 3a, Linus kurz darauf vor. „Falls ihr euch wegen der Sonnenbrille wundert: Linus leidet an einer Überempfindlichkeit gegen Sonnenlicht. Deshalb trägt er sie."

„Guter Witz!", kicherte Oskar hinter Fridas Rücken.

„Oskar, hast du eine Frage?" Frau Kiehl reckte den Hals.

Frida drehte sich zu Oskar um. Seine Augen funkelten hinterhältig.

„Nein, für mich ist alles son-nen-klar", gab Oskar grinsend zurück.

Elines Finger schoss in die Höhe.

„Frau Kiehl, ich habe Cupcakes mitgebracht."

„Prima!", lobte die Lehrerin. „Aber erst das Kopfrechnen, dann das Vergnügen. Die

Cupcakes kannst du in der großen Pause verteilen. Oskar ... wie viel sind 93 mal 7?" Wie immer brauchte Oskar Jahre für die falsche Antwort. Jeder kam mal dran. Am schnellsten von allen war Linus. Er rechnete so fix wie ein Computer. Und selbst die blöden Textaufgaben hatte er im Nu raus.

„Streber!", raunte Oskar Linus zu, als er sich nach dem Klingeln an ihm vorbeiquetschte. Er hatte es sehr eilig, Eline und der Kuchenbox zu folgen.

„Oskar ist so ein Idiot!", schimpfte Frida, als sie mit Linus auf den Schulhof kam. Sie deutete zur Schaukel. Dort hockte Oskar und hielt Elines Kuchenbox auf dem Schoß. Gierig stopfte er sich die Cupcakes in den Mund. Eline stand heulend unter dem Apfelbaum und ließ sich von Tessa und Sarah trösten.
„Immer drangsaliert er die anderen", raunte Frida kopfschüttelnd.
„He, Frida!", rief Oskar schmatzend.
„Kommt mal her!" Rosa Zuckerguss klebte um seinen Mund herum. „Morgen will ich dein Gruselbuch." Dann wandte er sich an Linus. „Und du rechnest ab heute die Hausaufgaben für mich, du Streber. Und im Unterricht sagst du mir vor. Ist das klar?"
Linus tippte sich mit dem Finger gegen die Stirn. „Rechne doch selbst."

Mit einem bösen Grinsen zog Oskar sein Handy aus der Tasche. Er tippte darauf herum. „Ich konnte gestern nicht einschlafen. Zu warm", sagte er. „Da hab ich ein bisschen aus dem Fenster geschaut und etwas sehr Interessantes gesehen." Er machte eine Pause, in der er Frida und Linus das Handy unter die Nase hielt. „Unsere Frida! Sie schwebt durch die Luft. Ganz ohne Flügel!"
Frida erschrak. Der Blitz gestern Nacht. Das war Oskar gewesen. Und jetzt hatte er dieses Foto von ihr.

„Wie kann es sein, dass du nicht vom Himmel fällst?" Oskar tat so, als ob er scharf nachdenken würde. „Ich hab's! Da gibt es Wesen, die heißen Vampire. Sie vertragen kein Sonnenlicht. Und fotografieren lassen sie sich auch nicht. Aber dafür können sie fliegen. Tja, und das bedeutet wohl, dass unser neuer Klassenkamerad ein Vampir ist und ihr zwei gestern Nacht einen kleinen Ausflug gemacht habt."

Frida wurde heiß und kalt. Linus war noch fahler als ohnehin schon.

„Du tust, was ich dir sage, Linus", fuhr Oskar fort, während er das Handy wegsteckte, „oder ich stelle das Foto mitsamt euren Namen und einigen anderen Informationen über dich ins Internet."

Linus schüttelte den Kopf und hauchte: „Bitte, nicht! Ich tu, was du verlangst."

„Oskar, du bist so ein fieser, mieser ..."

Hilflos stampfte Frida mit dem Fuß auf.
Linus fasste Frida am Arm und zog sie mit
sich. Kaum waren sie außer Hörweite,

flüsterte er verschwörerisch: „Hör zu:
Wir verpassen Oskar einen Denkzettel,
der sich gewaschen hat."
„Wie denn?" Fridas Gesicht glühte vor
Aufregung.
„Ich habe einen Plan. Heute Nachmittag
komme ich nach meinem Blut-Cocktail
und dem Mittagsschläfchen zu dir!",
entschied Linus. „Dann besprechen wir
alles Weitere. Sag mal, kannst du nähen?"

Die Verabredung

Um halb sechs klingelte es Sturm bei Frida, und Linus rauschte in ihr Zimmer. Keuchend schleuderte er zwei prallvolle Einkaufstüten auf Fridas Bett.
„Was ist das?" Verwundert sah Frida auf die Tüten.
Linus streckte sich und rieb sich die Augen. „Alles für heute Nacht!"
„Heute Nacht?" Verständnislos schaute Frida ihn an.
„Genau. Ich konnte nicht schlafen, also habe ich mein Nickerchen ausfallen lassen und bin in die Stadt marschiert. Hat ganz schön gedauert, bis ich alles zusammenhatte. Aber jetzt sind wir perfekt ausgerüstet", triumphierte Linus.
„Und im Park war ich auch. Da gibt es im

hinteren Teil einen alten Pavillon, ziemlich versteckt und ganz mit Efeu bewachsen. Der geht glatt als Gruft durch!"
„Linus!" Frida stemmte die Hände in die Hüften. „Wovon redest du?"
„Kann ich mal telefonieren?" Bevor Frida etwas erwidern konnte, rannte Linus in den Flur. „Kennst du Oskars Telefonnummer?"
„Auf der Klassenliste. Küche. Kühlschrank. Aber warum ..." Als Frida in die Küche kam, tippte Linus gerade die letzte Ziffer ein. Sie hörte es im Hörer tuten. Dann meldete sich jemand.
„Hallo, Oskar. Ich bin's, Linus", wisperte Linus kläglich.
„Ich habe die Hausaufgaben für dich. Aber ich möchte sie dir nicht in der Schule geben. Das könnte auffallen."

Er hielt den Hörer so, dass Frida auch verstehen konnte, was Oskar sagte.

„Schlauer Gedanke. Welchen Übergabeort schlägst du vor?", hörte sie Oskar fragen.

„Ich habe Gruft-Arrest. Lange Geschichte. Hab mich ein bisschen danebenbenommen. So vampirmäßig, wenn du verstehst", log Linus. Frida kicherte lautlos. „Aber ich hatte eben Durst. Außerdem muss ich jetzt schlafen. Du weißt ja, Vampire ... Komm um Mitternacht zu unserer Familiengruft im Park."

Oskar zögerte. Wahrscheinlich wollte er nicht so gerne mitten in der Nacht in den Park gehen. Aber das konnte er natürlich nicht zugeben.

„Abgemacht!", sagte er schließlich langsam. Dann beschrieb Linus ihm die Lage des Pavillons und legte auf. „Jetzt bist du dran, Frida. Du musst nähen." Linus warf einen

Blick auf seine Mondphasen-Uhr. „Viel Zeit haben wir nicht mehr. Immerhin sollte ich wirklich noch ein bisschen an meinem Sarg lauschen. Meine Vorstellung muss überzeugend sein. Und deine auch", setzte er augenzwinkernd hinzu.
„Meine?", fragte Frida verwundert. „Ich komme mit in den Park? Um Mitternacht?"
„Du gehörst zum Plan!", nickte Linus. „Ich brauche dich."
„Und wie erkläre ich das meinen Eltern?"
„Das ist einfach. Mama hat die Nachbarschaft zur Mitternachtsführung in ihre Praxis eingeladen", wusste Linus zu berichten. „Das verschafft uns genug Zeit. Wenn Mama einmal von ihren Bohrern erzählt, ist sie nicht mehr zu bremsen."
„Und was soll ich tun?" Fridas Augen sprühten vor Begeisterung.

Vampire im Park

Die Kirchturmuhr schlug Mitternacht. Frida hockte hinter einer steinernen Parkbank. Noch nie in ihrem Leben war sie nachts im Park gewesen. Gespenstisch rauschten die Blätter einer Trauerweide über ihrem Kopf. Fledermäuse jagten über den Himmel. Überall zuckten dunkle Schatten. Es war richtig unheimlich. Selbst für Frida. Aber mit Linus fühlte sie sich sicher. Was sollte ihr schon passieren, mit einem Vampir als Beschützer? Sie linste den Kiesweg hinunter. Hoffentlich kam Oskar auch!

„Siehst du ihn?", zischelte es aus dem alten Pavillon. Der sah wirklich aus wie eine waschechte Vampirgruft.

„Warte …" Frida kniff die Augen zusammen. Am Ende des Weges blitzte ein Licht auf. Es kam zügig näher. „Da ist er!"

„Alles genauso, wie wir es besprochen haben", stellte Linus noch mal klar. „Und jetzt: Showtime!"

Ein Quietschen ertönte, wie von hundert verrosteten Scharnieren. „Liiiiiinus?" Oskars Stimme zitterte. „Wo bist du?" Als Nächstes erklangen Schritte. So, als ob jemand ganz langsam eine Steintreppe hochging. Frida kicherte in sich hinein. Die Geräusche kamen aus dem CD-Spieler! Aber das konnte der schlotternde Oskar nicht ahnen. Wie aufs Stichwort trat der Mond hinter einer Wolke hervor. Genau in dem Moment, in dem Linus umgeben von Nebelschwaden aus dem Pavillon trat. Das

Mondlicht ließ ihn schön bleich aussehen, seine Lippen leuchteten blutrot aus seinem Gesicht. Genauso blutrot wie die pürierte rote Grütze. Wie echte Blutstropfen lief sie Linus' Kinn hinunter.

„Ich bin hier!", antwortete Linus mit hallender Stimme. „Bei unserer Gruft!" Er hob die bleiche Hand und winkte Oskar zu sich. Der zitterte wie Espenlaub und stolperte unsicher vorwärts. „Gib mir die Aufgaben, und ich bin sofort wieder weg!" Das war Fridas Stichwort. Sie richtete sich

hinter der Steinbank auf, zupfte ihren selbst genähten Vampirumhang zurecht und ging mit langen Schritten auf Oskar zu. Die Theaterschminke ließ auch ihre Haut weiß schimmern, dank des Lippenstifts waren auch ihre Lippen blutrot.

„Frida?" Oskar starrte sie fassungslos an. „Was ist denn mit dir passiert? Du … du siehst ja aus wie ein Vampir! Was ist das an deinem Hals? Blut?"

In Wahrheit war es natürlich auch nur rote Grütze. Und die klebte und juckte höllisch! Frida hätte sonst was dafür gegeben, wenn sie sich hätte kratzen dürfen.

„Das war Linus", behauptete sie wispernd. Sie musste aufpassen, dass sie nicht laut losprustete. „Er hat mich gebissen, weil ich ihm mein Vampirbuch nicht geben wollte."

Oskar wirbelte zu Linus herum. „Okay, Linus, alles klar, Kumpel! Ich mach meine Hausaufgaben doch alleine", stotterte er, während er rückwärtsstolperte. „Und du musst mir auch nicht vorsagen. Bestimmt nicht. Auf gar keinen Fall! Ich übe zu Hause."

„Bist du dir da auch ganz sicher?", fragte Linus. Er ließ seine Vampirzähne im Mondlicht aufblitzen.

Oskar nickte so eifrig wie ein Wackeldackel. „Ganz sicher!"
„Außerdem möchte ich, dass du aufhörst, die anderen zu ärgern", knurrte Linus.
„Versprich es ihm ganz schnell!", riet Frida. Auweia, beinahe wären ihr die aufgesteckten Vampirzähne aus dem Mund gefallen.
„Versprochen!", rief Oskar schnell. „Nie wieder ärgere ich irgendjemanden. Und du kannst dein Gruselbuch behalten, Frida. Ich will es gar nicht mehr!" Damit drehte er sich um und rannte davon, als ob hundert blutdürstige Vampire hinter ihm her wären.
Kaum war er verschwunden, prusteten Frida und Linus los.

Am nächsten Morgen wartete eine
Überraschung in der Schule:
ein ganzes Tablett voll rosaroter
Glitzer-Cupcakes.
„Die hab ich heute ganz früh gebacken!",
verkündete Oskar und fügte mit einem
Seitenblick auf Linus und Frida hinzu:
„Es tut mir Leid, Eline. Die Sache mit den
Cupcakes!"
„Bist du krank?", wunderte sich Eline.

„Nein, keine Sorge!", meldete sich Linus zu Wort.

Frida grinste und schob ihre Sonnenbrille zurecht, die Linus ihr heute Morgen in die Hand gedrückt hatte. Wenn Oskar sie für einen Vampir halten sollte, musste sie auch wie einer aussehen.

„Haben wir das euch zu verdanken?", wollte Sarah wissen. „Wie habt ihr das denn geschafft?"

„Mit Diplomatie!", antwortete Linus todernst.

„Wow!" Tessa pfiff anerkennend durch die Zähne. „Da müsst ihr aber ganz schön gute Argumente gehabt haben."

„Gruselig gute!", lachte Frida und strahlte Linus glücklich an.

Glossar

Cupcake [sprich: Kappkäik]
kleines, verziertes Törtchen

Lichtschutzfaktor
Stärke einer Sonnencreme

Pergamentpapier
Papier aus Tierhaut

Transsylvanien
Region in Rumänien, in der Graf Dracula lebt

Cocktail [sprich: Kocktäil]
Mix aus verschiedenen Getränken mit oder ohne Alkohol

Freak [sprich: Friek]
jemand, der eine Sache sehr liebt und sich sehr gut damit auskennt

drangsalieren
ärgern, quälen

Nickerchen
kurzes Schläfchen am Tag

triumphieren
Sieger sein, siegreich ausrufen

Pavillon [sprich: Pawiljong]
kleines, offenes Gebäude in Parks, oft mit Kuppeldach

Arrest
Strafe, bei der man an einem bestimmten Ort bleiben muss

Trauerweide
Baum mit dünnen, langen Ästen, die gebogen herunterhängen

Showtime [sprich: Schoutaim]
Zeit, in der etwas Spannendes oder Lustiges aufgeführt wird

Diplomatie
Schlichten von Streit durch Verhandeln, ohne Gewalt

Checkliste

Die wichtigsten Fragen zur Geschichte:
Wer · Was · Wo · Wie · Warum

Wer liebt Spinnen?
- ☐ Oskar   **A**
- ☐ Linus   **U**

Was ist das Problem?
- ☐ Oskar erpresst Linus mit einem Foto.   **H**
- ☐ Oskar will den Vampirumhang stehlen.   **K**

Wo findet nachts das Treffen mit Oskar statt?
- ☐ In einem alten Pavillon im Park.   **A**
- ☐ In der Geisterbahn auf dem Rummelplatz.   **E**

Wie erschrecken sie Oskar?
- ☐ Linus beißt Frida in den Hals.   **P**
- ☐ Frida verkleidet sich als Vampir.   **N**

Warum ist Oskar plötzlich freundlich?
- ☐ Er hat Angst vor Linus.   G
- ☐ Er hat sich in Eline verliebt.   T

Lösungswort:

| | M | | | | |

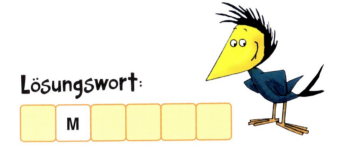

Alle Fragen richtig beantwortet?

Dann ist es Zeit für die Rabenpost.
Wenn du das Lösungswort herausgefunden hast, kannst du tolle Preise gewinnen!

Gib es auf der Leserabe Website ein
▶ www.leserabe.de
oder mail es uns ▶ leserabe@ravensburger.de

Ravensburger Bücher

Lesen lernen mit Spaß!
In drei Stufen vom Lesestarter zum Überflieger

ISBN 978-3-473-**36449**-7

ISBN 978-3-473-**36437**-4

ISBN 978-3-473-**36462**-6

1. Lesestufe

ISBN 978-3-473-**36465**-7

ISBN 978-3-473-**36440**-4

ISBN 978-3-473-**36441**-1

2. Lesestufe

ISBN 978-3-473-**36456**-5

ISBN 978-3-473-**36442**-8

ISBN 978-3-473-**36455**-8

3. Lesestufe

www.leserabe.de